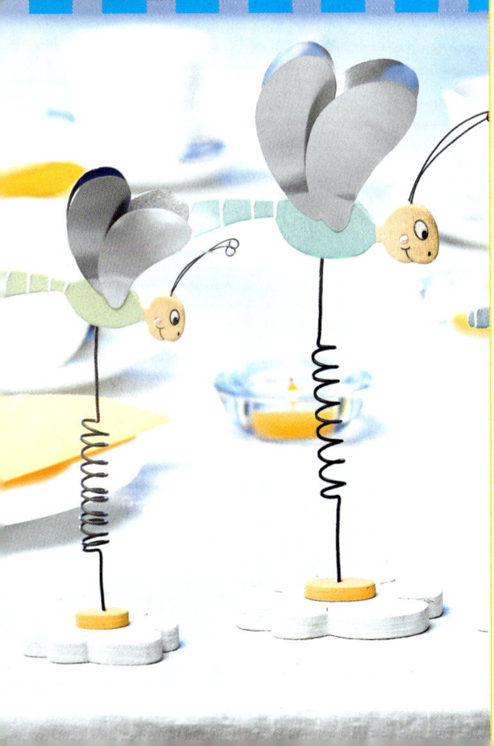

Ländliche Frühlingszeit

Die Natur erwacht und strahlt im Frühlingsglanz. Bekommen Sie da nicht auch Lust, Ihr Zuhause und Ihren Garten neu zu dekorieren, um so die schöne Jahreszeit zu begrüßen? Wie wäre es zum Beispiel mit einem witzigen Haustürschild für ein fröhliches Willkommen, einem niedlichen Osternest für leckere Ostereier oder einem Besteckkörbchen in Hühnerform, das garantiert der Hingucker auf jedem Büfett wird?

Also, mit Elan an die Arbeit! Greifen Sie zu einem Stück Sperrholz, einer Laub- oder Dekupiersäge und schönen, frischen Farben und dem Sägespaß steht nichts mehr im Wege. Übrigens: Auch zum Verschenken sind die Holzdekorationen wunderbar geeignet.

Viel Spaß beim Basteln!

Ihre

Die Motive lassen sich in folgende Schwierigkeitsgrade unterteilen:

○ ○ ○ einfach ○ ○ ○ etwas schwieriger ○ ○ ○ anspruchsvoll

MATERIALIEN UND WERKZEUGE

Folgende Materialien und Werkzeuge werden für fast alle Modelle hier im Buch benötigt. Sie werden in den speziellen Materiallisten nicht mehr extra mit aufgeführt.

- Pappelsperrholz, 6 mm, 8 mm und 1 cm stark
- Bleistift
- Radiergummi
- Schneiderkopierpapier (ggf. auch Kohlepapier)
- Transparentpapier
- dünner Karton für Schablonen
- Klebefilm
- Laub- oder Dekupiersäge (mit Sägeblättern für Holz)
- Schmirgelpapier, z. B. mit einer Körnung von 80 und 120
- evtl. Schraubzwinge
- Feile
- matte Acryl- oder Bastelfarbe
- breiter Borstenpinsel
- schmaler Pinsel
- dünner, wasserfester Stift in Schwarz
- dünner, wasserfester Stift in Weiß (für Augen und Zähne)
- evtl. Ellipsenschablone (für die Augen)
- evtl. Klarlack
- UHU Alleskleber kraft
- Heißklebepistole
- Holzleim
- Bohrer (Spiralbohrer), ø 1,5 mm, 2 mm, 3 mm, 4 mm, 6 mm, 8 mm und 1 cm
- Bohrmaschine oder Akkuschrauber
- Seitenschneider (um Drähte abzuknipsen)
- spitze Rundzange
- Hammer
- mittelgroße, spitze Schere
- evtl. Cutter mit Schneideunterlage

Hinweise: Als „Rest" wird immer ein Stück bezeichnet, das maximal A5 groß ist.

Der 1,4 mm starke Bindedraht ist unter dem Namen „Rödeldraht" im Baustoffhandel erhältlich!

Biegesperrholz kann man im Baumarkt auch unter „Modellbausperrholz" finden!

So geht es

1 Zuerst alle Motivteile auf das Sperrholz übertragen. Dazu das Schneiderkopierpapier mit der beschichteten Seite nach unten auf das Sperrholz legen, darüber die Vorlage platzieren und die Konturen mit einem Bleistift oder Kugelschreiber nachziehen. Zusätzliche Einzelteile (wie z. B. die Arme des Schäfchens auf Seite 17) werden mit etwas Abstand zum Grundmotiv auf das Sperrholz übertragen. Dabei darauf achten, dass die Teile nicht überlappen.

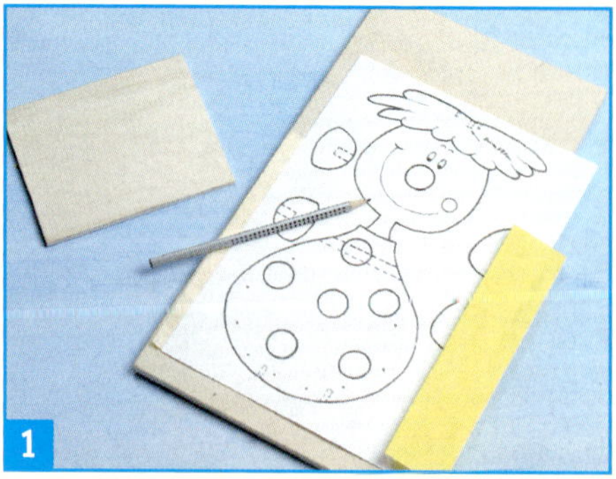

1

2

2 Alle Teile mit einer Laub- oder Dekupiersäge aussägen. Die Kanten sorgfältig mit Schmirgelpapier glätten. Für das Aussägen innen liegender Bereiche (z. B. das Loch in der Bodenplatte von Seite 27 oder bei den Buchstaben P und R auf Seite 24) zunächst ein großes Loch in die Fläche bohren (Bohrer mit ø 6 mm), das Sägeblatt durchführen und die Fläche aussägen.

Hinweis: Die Bohrer, die Sie zum Vorbohren benötigen, sind in den Materiallisten mit aufgeführt.

3

3 Alle Teile bemalen und trocknen lassen. Danach die Augen und Innenlinien mit einem dünnen schwarzen Stift aufmalen. Für das Weiß der Augen wird bei einigen Modellen ein weißer Stift verwendet. Zum Schluss alle Löcher bohren und die Teile wie beschrieben zusammensetzen. Für den Außenbereich das Motiv mit wetterfestem Lack lackieren.

Tipps und Tricks

Verwenden von Schablonen

Die Umrisslinien können auch mit einer Schablone übertragen werden. Dazu die Motivteile ohne Überschneidungen auf Transparentpapier abpausen, das Transparentpapier auf dünnen Karton kleben und die abgepausten Motivteile ausschneiden. Fertig sind die Schablonen, die dann auf das Holz, den Filz oder das Aluminiumblech gelegt und mit einem Bleistift oder Kugelschreiber umfahren werden können.

Sperrholz

Das Sperrholzstück sollte nicht zu knapp bemessen sein. Die in diesem Buch genannten Maße sind Mindestangaben. Ein etwas größeres Stück lässt sich beim Aussägen besser festhalten und ist dadurch sicherer zu handhaben.

Pappelsperrholz eignet sich besonders gut für Laubsägearbeiten. Statt 1 cm starkem Sperrholz kann auch etwas dünneres Material verwendet werden.

Abflachen eines Rundholzstücks

Manchmal müssen Rundholzstücke abgeflacht werden. Dazu mit der Säge das Rundholzstück ca. 1,5 cm bis 2,5 cm tief (siehe Vorlagenbogen 2B) halbieren und dann senkrecht zum Holz absägen.

Drahtlocken

Schöne Drahtlocken erhält man, wenn die Drahtenden um einen runden Gegenstand gewickelt werden, z. B. um einen Pinselstiel.

Tipps und Tricks

Hübsche Stoffe

Patchworkstoffe eignen sich prima für das Ausschmücken der Motive. Sie sind auf Messen und in speziellen Stoffläden erhältlich.

Befestigung auf der Bodenplatte

Die Unterkante der Figur, die die Standfläche berührt, sollte so exakt wie möglich gearbeitet sein. Unebenheiten bringen die Figur zum Kippen.

Besonders bei großen Figuren ist es sinnvoll, die Figur auf der Bodenfläche festzuschrauben. Dazu ein oder zwei Löcher (ø 4 mm) im Bereich der Befestigungsfläche in die Bodenplatte bohren. Dann die Position der Löcher an der Unterkante der Figur markieren und vorbohren (ø 2 mm). Die Figur von unten durch die Bodenfläche festschrauben.

Figuren bemalen

Um ein Ineinanderlaufen der Farben zu vermeiden, sollte jede Farbe trocken sein, bevor die nächste aufgetragen wird. Acrylfarbe trocknet in der Regel sehr schnell, wenn sie nicht zu dick aufgetragen wurde.

Wird beim Bemalen zufällig eine Innenlinie übermalt, ist das nicht weiter schlimm. Dann einfach die Vorlage auf Transparentpapier übertragen, die Linien auf der Rückseite mit Bleistift nachziehen und das Transparentpapier auf das bereits bemalte Motiv legen. Beim erneuten Nachfahren der Linien überträgt sich der Bleistift-Grafit von der Rückseite des Transparentpapiers auf das Motiv. Dann die Innenlinien mit dem schwarzen Stift nachziehen.

Für Augen und Nasen evtl. eine Ellipsen- oder Kreisschablone verwenden.

Das Weiß der Augen wird mit weißer Acrylfarbe oder einem weißen Stift aufgetragen. Die meisten Wangenflecken und Nasen erhalten noch einen kleinen, weißen Pinselstrich.

Ein rustikales und sandiges Aussehen der Motive erzielt man mithilfe von Strukturfarbe. Diese ist in den einzelnen Materiallisten mit dem Zusatz „Struktur" beim jeweiligen Farbton angegeben.

Motivrückseite

Bei einigen Motiven lässt sich die Rückseite genauso hübsch wie die Vorderseite gestalten. Dazu müssen alle Einzelteile, die aufgeklebt werden, ein zweites Mal ausgesägt werden. Danach die Innenlinien spiegelverkehrt auf die Motivrückseite übertragen. Dazu alle Linien des Motivs mit einem weichen Bleistift auf Transparentpapier zeichnen und dieses mit der Vorderseite nach unten auf das bereits ausgesägte Motiv legen. Nun die aufgezeichneten Linien nachfahren. Dabei zeichnet sich der Grafit der Bleistiftlinien auf dem Sperrholz ab.

Ein netter Blumenkasten

→ für Blumen, Kräuter & Co.

1 Den Schnabel aus dem dünnen, die Gans, die Flügel, beide Füße und die Bodenplatte aus dem dicken Sperrholz aussägen.

2 Alle Teile wie abgebildet anmalen und die Innenlinien ergänzen.

3 Die Löcher bohren. Den Schnabel ankleben, beide Flügel annageln und die Bodenplatte an den Körper schrauben. Beide Füße gegen die Bodenplatte leimen.

4 Zum Schluss das Stoffdreieck um den Hals binden und die Dachrinne auf die Bodenplatte stellen.

MOTIVHÖHE
ca. 35 cm

MATERIAL
- Sperrholzrest, 6 mm stark
- Sperrholz, 1 cm stark, 40 cm x 50 cm
- Acrylfarbe in Weiß, Mandarine (Struktur) und Schilf
- Zinkdachrinne, 18 cm lang, 11 cm breit, 7 cm hoch
- Stoffdreieck, 25 cm x 25 cm x 36 cm
- 2 Nägel, ø 1,2 mm, 2 cm lang
- 2 Holzschrauben, Senkkopf, ø 3,5 mm, 3 cm lang
- Bohrer, ø 1,5 mm, 2 mm und 4 mm

VORLAGENBOGEN 3A

Bitte!

→ ein freundlicher Helfer

1 Den Hahn, beide Flügel, die Kreisfläche und die Standfläche aus dem dicken Sperrholz aussägen. Zusätzlich den Hahnenkamm, den Schnabel und das Kehlläppchen aus dem dünnen Sperrholz aussägen.

2 Alles wie abgebildet anmalen und die Innenlinien ergänzen.

3 Den Hahnenkamm, den Schnabel und das Kehlläppchen aufkleben. Die Flügel ergänzen, einen von hinten, den anderen von vorne. Die Kreisfläche aufkleben und den Hahn auf der Standfläche fixieren.

MOTIVHÖHE
ca. 49 cm

MATERIAL
- Sperrholzrest, 6 mm stark
- Sperrholz, 1 cm stark, 65 cm x 30 cm
- Acrylfarbe in Antikolive (Struktur), Mondstein (Struktur), Mandarine (Struktur), Englisch-Blau (Struktur), Indigo (Struktur), Antikrubin (Struktur) und Elfenbein

VORLAGENBOGEN 2A+4A

Ein prächtiger Schmetterling

→ sorgt für gute Laune

MOTIVHÖHE
ca. 34,5 cm

MATERIAL
- Sperrholz, 1 cm stark, 50 cm x 20 cm
- Acrylfarbe in Zinnoberrot, Weiß (Wange), Schwarz, Hautfarbe, Reseda, Hausergrün und Goldgelb (Struktur)
- Sisalvlies in Hellgrün, 30 cm x 50 cm
- Textilfilz in Weiß, 4 mm stark, 30 cm x 30 cm
- Zink-Gießkanne, 9 cm hoch, 10 cm breit
- Satinband in Hellgrün, 3 mm breit, 25 cm lang
- 2 Plastikperlen in Hellgrün, Olivenform, 1,5 cm lang
- Gänseblümchenranke, 42 cm lang
- Iris-Flitter
- Tacky Tape-Folienrest
- Bindedraht, ø 0,65 mm
- Bohrer, ø 1,5 mm
- Föhn

VORLAGENBOGEN 3B

1 Den Schmetterling, die Arme und die Blütenmitte aus dem Sperrholz aussägen, wie abgebildet anmalen und die Innenlinien ergänzen. Die Löcher für die Fühler bohren.

2 Mithilfe von Schablonen die Flügel aus Sisalvlies, die Blüte aus Textilfilz und die ovalen Körperpunkte aus Tacky Tape-Folie ausschneiden.

3 Von den Tacky Tape-Ovalen auf einer Seite die Schutzfolie abziehen und mit Iris-Flitter bestreuen. Die Ovale auf den Körper kleben und etwas mit dem Föhn erwärmen, so haftet der Iris-Flitter besser.

4 Die aus Bindedraht geformten Fühler einkleben. Dann beide Arme und die Flügelpaare aus Sisalvlies aufkleben. Die Flügel dabei am besten etwas beschweren, bis der Klebstoff trocken ist.

5 Die Gänseblümchenranke um den Rand der Blütenmitte kleben. Den Schmetterling auf der Blütenmitte fixieren und dann auf den Blütenkranz aus Filz kleben.

6 Zum Schluss dem Schmetterling das Satinband um den Hals binden. An dieses vorher die Perlen knoten. Sechs einzelne Gänseblümchen von der restlichen Ranke abschneiden, locker auf die Blütenmitte und den Blütenkranz kleben und dem Schmetterling die Kanne über den Arm hängen.

STERN

MOTIVHÖHE
Schild ca. 27,5 cm (ohne Aufhängung)
Kuh ca. 13 cm
Schaf ca. 9 cm

MATERIAL
OSTERN
- Sperrholz, 6 mm stark, 22 cm x 30 cm
- Sperrholz, 1 cm stark, 28 cm x 18 cm
- Acrylfarbe in Reseda, Orange, Mittelblau, Ultramarinblau, Zinnoberrot, Schwarz, Mittelgelb, Weiß, Kürbis (Antik, Struktur), Gelbgrün und Hellbraun
- 2 Rohholzhalbkugeln, ø 6 mm
- Rohholzhalbkugel, ø 1 cm
- Baumwollkordel in Grün, ø 1 mm, 4 x 6 cm lang
- Baumwollkordel in Schwarz, ø 1 mm, 4 x 4,5 cm und 2 x 3 cm lang
- Baumwollkordel in Weiß, ø 1 mm, 2 x 4 cm lang
- Borstenpinsel Nr. 4, 17,5 cm lang
- Plusterstift in Weiß
- Bindedraht, ø 0,65 mm und 1,4 mm
- Bohrer, ø 1,5 mm, 3 mm und 6 mm (für das Aussägen der Innenfläche des Buchstabens „R")

ZWEI COOLE TYPEN
- Sperrholzrest, 6 mm stark
- Sperrholz, 1 cm stark, 30 cm x 45 cm
- Biegesperrholz, 1 mm stark, 2 x 7 cm x 50 cm
- Acrylfarbe in Reseda, Gelbgrün, Weiß, Hautfarbe, Hellgrau und Zinnoberrot
- Rohholzhalbkugel, ø 1,2 cm
- Sisalfasern in Hellgrün
- 2 Nägel, ø 1 mm, 1,5 cm lang
- Paketschnur, ø 2,5 mm
- Bohrer, ø 3 mm

VORLAGENBOGEN 3A+1A

Eine lustige Gesellschaft

→ feiert das Osterfest

Ostern

1 Das Schild aus dem dicken, die Buchstaben, die Eier, alle Hasen und das Huhn aus dem dünnen Sperrholz aussägen. Die Holzteile anmalen und die Löcher bohren.

2 Die Buchstaben, die Eier und den Pinsel auf das Schild kleben. Das große Ei mit Plusterstift verzieren.

3 Die Hasen und den Hahn zusammenfügen. Beim großen Hasen die Barthaare aus dünnem Bindedraht anbringen. Dazu von hinten u-förmig gebogene Drahtstücke durch die Löcher stecken und in Form biegen. Die Füße jeweils unten an die Baumwollkordelstücke kleben und die Baumwollkordel-Beine im Körper fixieren. Dann die Tiere mit grüner Baumwollkordel unter das Schild hängen.

4 Zum Schluss den dicken Bindedraht in Form biegen und das Schild einhängen.

Zwei coole Typen

1 Das Mundteil und die Herz-Flecken der Kuh sowie den Schafskopf aus dem dünnen, die Tiere und die Bodenplatten aus dem dicken Sperrholz aussägen. Den Rand zweimal aus Biegesperrholz zuschneiden. Alle Sperrholzteile und die Rohholzhalbkugel anmalen und die Innenlinien ergänzen.

Ostern ist da!

→ einfach niedlich

1 Den Hasen, seine Vorderpfoten und die Bodenplatte aus dem Sperrholz, die Eierkante und die Graskante aus dem Biegesperrholz aussägen. Gemäß Vorlage vier Sägeschnitte (ca. 1 mm breit, 2 x 4,5 cm tief und 2 x 2,5 cm tief) pro Seite direkt nebeneinander (immer den kurzen außen und den langen innen) in den Hasenkörper einsägen. Diese Schnitte werden später zum Befestigen der Eierreihe und der Grasreihe benötigt.

2 Alle Holzteile anmalen. Bei der Eierreihe und der Grasreihe ca. 1 cm vom seitlichen Rand entfernt keine Farbe auftragen. Alle Innenlinien aufmalen und die Eier mit den Plusterstiften verzieren.

3 Alle Bohrungen ausführen. Beide Vorderpfoten aufkleben, die Nase ergänzen und die Filzohren von hinten ankleben. Für die Barthaare u-förmig gebogene Drahtstücke von hinten durch die Bohrlöcher stecken und auf der Vorderseite in Form biegen.

4 Die Bodenplatte des Körbchens festschrauben. Die Kante der Bodenplatte mit etwas Holzleim bestreichen. Die Eierkante aus Biegesperrholz in Form biegen und die Ränder durch die Sägeschnitte stecken. Mit der Graskante genauso verfahren.

5 Das Motiv gut trocknen lassen. Zum Schluss dem Hasen ein Stoffdreieck um den Hals binden und das Körbchen mit Sisalfasern auspolstern.

WEITERFÜHRUNG

Eine lustige Gesellschaft

2 Der Kuh das Mundteil und die Herzen aufkleben, dem Schaf den Kopf samt Nase. Bei der Kuh die Bohrung für das Schwänzchen vornehmen und dieses einkleben. Das Schnurende etwas aufzwirbeln.

3 Jeweils den Rand der Bodenplatte mit etwas Holzleim einstreichen und den Biegesperrholzstreifen darum herum legen. Die überlappenden Teile zusätzlich mit Holzleim bestreichen und mit einem dünnen Nagel an die Bodenplatte nageln.

4 Die fertigen Tiere auf den Bodenplatten fixieren und die Nester mit Sisalfasern auspolstern.

MOTIVHÖHE
ca. 36 cm

MATERIAL

- Sperrholz, 1 cm stark, 45 cm x 40 cm
- Biegesperrholz, 1 mm stark, 10 cm x 36 cm und 6 cm x 36 cm
- Rohholzhalbkugel, ø 4 cm
- Acrylfarbe in Schwarz, Weiß, Hellbraun, Taubenblau, Mittelblau, Zinnoberrot, Antikginster (Struktur), Mandarine (Struktur), Immergrün (Struktur) und Mittelgelb
- Textilfilzrest in Dunkelbraun, 4 mm stark
- Stoffdreieck, 32 cm x 23 cm x 23 cm
- Plusterstifte in Weiß, Sonnengelb und Hellgrün
- Sisalfasern in Hellgrün
- 2 Holzschrauben, Senkkopf, ø 3,5 mm, 3 cm lang
- Bindedraht, ø 0,65 mm
- Bohrer, ø 1,5 mm, 2 mm und 4 mm

VORLAGENBOGEN 1B

Herzlich Willkommen

→ ein netter Gruß

MOTIVHÖHE
ca. 15 cm (nur die Schnecke)

MATERIAL
- Sperrholzrest, 6 mm stark
- Sperrholz, 1 cm stark, 30 cm x 30 cm
- Acrylfarbe in Taubenblau, Zinnoberrot, Pfirsich, Lindgrün, Weiß und Immergrün (Struktur)
- Holzlatte, 1 cm x 4 cm x 60 cm
- Rundholzstück, ø 4 mm, 3,4 cm lang
- 3 Rohholzhalbkugeln, ø 8 mm
- 3 Rohholzhalbkugeln, ø 1,2 cm
- Rohholzhalbkugel, ø 1,5 cm
- Seegras in Hellgrün
- Satinband in Hellgrün, 3 mm breit, 64 cm lang
- Satinband in Dunkelgrün, 3 mm breit, 54 cm lang
- 5 Holzschrauben, Senkkopf, ø 3,5 mm, 3 cm lang
- Ringschraube in Messing, 6 x 3 x 1,5 mm
- Paketschnur, ø 1,7 mm
- Bindedraht, ø 0,35 mm und 0,65 mm
- Bohrer, ø 1,5 mm, 2 mm, 4 mm, 4,5 mm und 6 mm

VORLAGENBOGEN 2A

1 Die Herzen aus dem dünnen, die Schnecke, beide Gras- und die Bodenfläche aus dem dicken Sperrholz aussägen. Die Holzlatte unten spitz zusägen.

2 Die Rohholzhalbkugeln, alle Sperrholzteile und die Holzlatte anmalen. Das Gesicht gestalten und den Schriftzug ergänzen. Die Rohholzhalbkugeln fixieren.

3 Alle Löcher bohren. Für die Grasflächen den Bohrer mit ø 4 mm benutzen. Durch die Schnecke ein Loch mit ø 4,5 mm, durch die Grundplatte zum Durchziehen der Schnur ein Loch mit ø 6 mm und zum Festschrauben der Grasflächen Löcher mit ø 4 mm bohren. Für die Fühler den Bohrer mit ø 1,5 mm verwenden. Die Löcher zum Festschrauben vorbohren (ø 2 mm).

4 Die Latte unter der Bodenplatte festschrauben. Die Grasflächen anschrauben. Darauf achten, dass sich die Bohrungen für das Rundholzstück genau gegenüberliegen.

5 Die Fühler aus dickem Bindedraht einkleben und die Ringschraube eindrehen. Die Schnecke zwischen die Grasflächen setzen, und zwar so, dass das Rundholzstück durch alle Teile gesteckt werden kann. Die Rundholzstückenden mit etwas Holzleim versehen.

6 Die Paketschnur durch die Ringschraube ziehen, die Schnurenden durch die Bohrung der Bodenfläche fädeln, verknoten und an jedes Ende ein Herz kleben.

7 Etwas Seegras mit dünnem Bindedraht umwickeln, die Bodenplatte damit verzieren und der Schnecke die Satinbänder um den Hals binden. Die Latte mit drei weiteren Herzen verzieren.

-lich
Willkommen

-lich
Willkommen

Ein Schäfchen

→ sehr dekorativ

MOTIVHÖHE
ca. 50 cm

MATERIAL
- Sperrholzrest, 6 mm stark
- Sperrholz, 1 cm stark, 55 cm x 35 cm
- Acrylfarbe in Weiß, Hautfarbe, Zartrosa, Mittelblau, Antikgrün, Hausergrün, Olivgrün und Pfirsich
- Plusterstift in Weiß
- Stoffstreifen, 5 cm breit, 25 cm lang
- Trockenblumen „NIGELLA"
- 2 Nägel, ø 1,2 mm, 2 cm lang
- evtl. Holzschraube, Senkkopf, ø 3,5 mm, 3 cm lang (zum Festschrauben auf der Standfläche)
- Serviettenlack
- Paketschnur, ø 1,7 mm
- Bindedraht, ø 0,65 mm
- Bohrer, ø 1,5 mm und 2 mm (evtl. 4 mm zum Vorbohren)

VORLAGENBOGEN 2A

1 Das Kleeblatt aus dem dünnen, das Schaf, die Arme, zusätzlich die Füße und die Standfläche aus dem dicken Sperrholz aussägen.

2 Alle Teile anmalen. Alle Innenlinien ergänzen und die Bohrungen vornehmen.

3 Den Körper mit den Trockenblumen verzieren. Dazu jeweils den entsprechenden Bereich mit Serviettenlack bestreichen, vorsichtig die Blüten auflegen und diese noch einmal mit Serviettenlack fixieren.

4 Die Strümpfe des Schafs mit Plusterstift verzieren und die Arme annageln.

5 Das Kleeblatt auf Bindedraht stecken. Den Draht durch die seitliche Bohrung der Hand führen und locken. Dem Schäfchen zusätzlich eine Drahtlocke einkleben.

6 Das Schaf auf der Standfläche festschrauben oder -kleben. Die Schuhe aufkleben, vorher jedoch die Paketschnur-Schnürsenkel fixieren. Zum Schluss dem Schaf ein Tuch umbinden.

Ein nützlicher Helfer

→ passt auf jeden Tisch

MOTIVHÖHE
ca. 24,5 cm

MATERIAL
- Sperrholzrest, 6 mm stark
- Sperrholz, 1 cm stark, 40 cm x 60 cm
- Acrylfarbe in Schilf, Olivgrün, Terrakotta, Kürbis (Struktur), Mondstein (Struktur) und Immergrün (Struktur)
- Rundholzstück, ø 1 cm, 29 cm lang
- 2 Stoffstreifen, 2,5 cm breit, 12 cm lang
- 4 Holzschrauben, Senkkopf, ø 3,5 mm, 3 cm lang
- Bindedraht, ø 0,35 mm
- Bohrer, ø 2 mm, 4 mm und 1 cm
- Schraubzwinge

VORLAGENBOGEN
4 A + 4 B

1 Die Schnäbel und die Kehlläppchen aus dem dünnen, die Hühner, die Seitenteile und die Bodenplatte aus dem dicken Sperrholz aussägen.

2 Das Rundholz und alle Sperrholzteile anmalen. Die Streifen des Rundholzstücks sind gut 4 cm breit. Alle Innenlinien ergänzen und die Bohrungen ausführen.

3 Den Hühnern die Schnäbel und Kehlläppchen aufkleben. Auf jedes Rundholzende ein Hühnerteil schieben, die Kiste zusammenschrauben und jetzt beide Hühner gegen die Schmalseiten der Kiste leimen. Dazu eine Schraubzwinge benutzen, bis der Holzleim trocken ist.

4 Die Stoffstreifen jeweils doppelt legen, ca. 1 cm unterhalb der Knickstellen mit Bindedraht zusammendrahten und die Drahtenden locken. Jedem Huhn einen Stoffstreifen an den Hals kleben.

Ich bringe Glück!

→ findet das ganze Jahr über ein Plätzchen

MOTIVHÖHE
ca. 52 cm

MATERIAL

- Sperrholzrest, 6 mm stark
- Sperrholz, 1 cm stark, 20 cm x 40 cm
- Acrylfarbe in Reseda, Hautfarbe, Zinnoberrot, Schwarz, Weiß und Olivgrün
- 7 Rohholzhalbkugeln, ø 2,5 cm
- Rundholzstück, ø 8 mm, 20 cm lang
- Stoffdreieck, 20 cm x 16 cm x 16 cm
- Bindedraht, ø 0,65 mm und 1,4 mm
- Paketschnur, ø 1,7 mm und 2,5 mm
- Bohrer, ø 1,5 mm, 3 mm und 3,5 mm

VORLAGENBOGEN 4A

1 Den Haarschopf aus dem dünnen, den Marienkäfer, die Hände und die Schuhe aus dem dicken Sperrholz aussägen. Das Rundholzstück an beiden Enden auf einer Länge von 1,5 cm abflachen (siehe Skizze auf dem Vorlagenbogen 2B).

2 Alle Sperrholzteile, das Rundholzstück und die Rohholzhalbkugeln anmalen. Das Rundholzstück erhält dabei ca. knapp 1,5 cm breite Streifen. Alle Innenlinien ergänzen, die Bohrungen ausführen und die Haare, die Nase und die Punkte aufkleben.

3 Das Körbchen aus dickem Draht formen. Dazu sieben ca. 16 cm lange Drahtstücke abkneifen. Jeweils ein Drahtende zu einer Öse formen und die Drahtstücke damit auf einen ca. 25 cm langen, dicken, in Form gebogenen Draht fädeln, der den oberen Rand des Korbs bildet. Die freien Drahtenden in Form biegen, durch die entsprechenden Bohrungen im Körper stecken, auf der Rückseite einkürzen, umknicken und mit der Heißklebepistole fixieren.

4 Die Arme samt der Hände ankleben. In die Bohrungen der Schuhe jeweils ca. 13 cm lange Paketschnurstücke mit ø 2,5 mm stecken, etwas fixieren und trocknen lassen. Die anderen Enden in die Bohrungen im Körper stecken und dort ebenfalls fixieren.

5 Zum Schluss die Fühler und das Aufhängeband aus Paketschnur mit ø 1,7 mm einkleben und dem Käfer das Halstuch umbinden.

Was brauchst du?

→ für Gartenutensilien, Naschzeug & mehr

MOTIVHÖHE
ca. 36 cm

MATERIAL
- Sperrholzrest, 6 mm stark
- Sperrholz, 1 cm stark, 45 cm x 80 cm
- Acrylfarbe in Schwarz, Englisch-Senf, Hellgrau, Zinnoberrot, Weiß (Wangen und Nase), Pfirsich und Hausergrün
- Rocaille- und Glasstiftemix in verschiedenen Rottönen
- Stoffstreifen, 3 cm breit, 48 cm lang
- Tacky Tape-Folienrest
- Paketschnur, ø 1,7 mm
- 10 Holzschrauben, Senkkopf, ø 3,5 mm, 3 cm lang
- Bindedraht, ø 0,65 mm
- Bohrer, ø 1,5 mm, 2 mm und 4 mm
- Föhn

VORLAGENBOGEN
4 A + 4 B

1 Die Nase aus dem dünnen, die Katze, die Ohren, das Fuß-Mausteil, die Bodenplatte, beide Seitenteile und die Vorderseite aus dem dicken Sperrholz aussägen.

2 Alle Teile anmalen, die Innenlinien ergänzen und die Bohrungen ausführen.

3 Mithilfe einer Schablone das Herz aus Tacky Tape-Folie zuschneiden. Auf einer Seite die Schutzfolie abziehen und in den Perlenmix drücken. Damit die Perlen noch besser haften, das Motiv mit dem Föhn etwas erwärmen.

4 Die Nase und das Herz aufkleben, die Ohren andrahten und die Schnurrhaare anbringen. Dazu von hinten u-förmig gebogene Bindedrahtstücke durch die Löcher stecken und in Form biegen.

5 Die Kiste zusammenschrauben, das Vorderteil anleimen und nach dem Trocknen das Fuß-Mausteil fixieren. Vorher die Maus mit einem Schwänzchen aus Paketschnur versehen.

6 Zum Schluss der Katze das Stofftuch um den Hals binden.

PG4
floraplus
PG4
floraplus
Spinat
PG5
PG5

SPRING

MOTIVHÖHE
Kuh ca. 18 cm (ohne Buchstaben)
Huhn mit Küken ca. 36 cm

MATERIAL
KUH

- Sperrholzrest, 6 mm stark
- Sperrholz, 1 cm stark, 30 cm x 30 cm
- Acrylfarbe in Weiß, Grau, Hautfarbe, Taubenblau, Immergrün (Struktur), Zartrosa, Mandarine (Struktur) und Antikginster (Struktur)
- 6 Rohholzkugeln, ø 1,5 cm, mit einer Bohrung mit ø 4 mm
- 6 Rundholzstücke, ø 4 mm, 3 cm lang
- Baumwollkordel in Grün, ø 1 mm, 6 x 10 cm (für die Buchstaben) und 1 x 5 cm lang (für den Vogel)
- 4 Filzblüten in Sonnengelb, 5 mm stark, ø 3,5 cm
- Paketschnur, ø 2,5 mm
- Bohrer, ø 1,5 mm, 3 mm, 4 mm und 6 mm
- evtl. Klebepads

HUHN MIT KÜKEN

- Sperrholzrest, 6 mm stark
- Sperrholz, 1 cm stark, 30 cm x 25 cm
- Acrylfarbe in Weiß, Orange, Zinnoberrot, Schilf und Mittelgelb
- 2 Rundholzstücke, ø 1 cm, 18 cm lang
- Bastelfilzrest in Hellgrün
- Filzblüte in Sonnengelb, 5 mm stark, ø 3,5 cm
- 9 Kammzwecken (= kleine Nägel), ø 1,4 mm, 1 cm lang
- Baumwollkordel in Natur, ø 1 mm, 2 x 5 cm lang
- Bindedraht, ø 0,65 mm
- Bohrer, ø 1,5 mm und 1 cm

VORLAGENBOGEN 2B+3A

Jetzt kommt der Frühling

→ lustig und farbenfroh

Kuh

1 Das Mundteil aus dem dünnen, die Kuh, den Vogel und die Buchstaben aus dem dicken Sperrholz aussägen.

2 Alle Sperrholzteile und die Rohholzkugeln anmalen. Die Innenlinien ergänzen und die Bohrungen ausführen.

3 Von vorne das Mundteil aufkleben und die Rundholzstücke in die entsprechenden Bohrungen stecken. Die Rohholzkugeln auf die Rundholzstücke stecken und die Mitten der Haken in Mandarine anmalen.

4 Die Baumwollkordelstücke als Aufhängung in die Buchstaben kleben. Unter den Buchstaben N dabei noch den Vogel hängen.

5 Der Kuh ein Stück Paketschnur als Schwanz einkleben und das Schnurende etwas aufzwirbeln. Die Filzblüten aufkleben und die Kuh evtl. mit Klebepads an die Wand kleben.

Huhn mit Küken

1 Die Schnäbel, das Küken und die Füße des Kükens aus dem dünnen, das Huhn, die Flügel und die Füße des Huhns aus dem dicken Sperrholz aussägen. Die Rundholzstücke an einem Ende auf einer Länge von 2,5 cm abflachen (siehe Skizze auf dem Vorlagenbogen 2B).

WEITERFÜHRUNG

Jetzt kommt der Frühling

2 Sämtliche Sperrholzteile und die Rundholzstücke anmalen. Dabei allerdings 1 cm am unteren Ende der Rundholzstücke nicht mit anmalen. So lassen sie sich später besser in die Bohrungen der Füße stecken. Die Streifen der Beine sind ca. 4 cm breit. Alle Innenlinien ergänzen und die Löcher bohren.

3 Die Schnäbel aufkleben. Die Baumwollkordelstücke in den Bohrungen der Kükenfüße fixieren. Nach dem Trocknen die Kordelenden in den Körper stecken und dort ebenfalls fixieren. Die Flügel andrahten. Dazu jeweils ein Stück Bindedraht u-förmig biegen, von vorne durch die entsprechenden Löcher stecken und auf der Rückseite umbiegen.

4 Die Filztasche mit der Filzblüte bekleben und auf den Bauch der Henne kleben. Dazu den Klebstoff nur am Rand auftragen und den oberen Rand aussparen. Zusätzlich die Filztasche mit Kammzwecken festnageln.

5 Die Rundholzstücke in die Bohrungen der Füße stecken, dort fixieren und das abgeflachte Stück von hinten an die Henne kleben.

Ich liebe Blumen!

→ überall ein Blickfang

1 Die Blüte samt Käfer und das Ohr aus dem dünnen, das Schaf, beide Arme, die Marienkäfer und die Bodenfläche aus dem dicken Sperrholz aussägen. Aus der Bodenplatte eine kreisförmige Fläche aussägen. Dazu ein Loch (ø 6 mm) in die Fläche bohren, das Sägeblatt durchstecken und die Fläche aussägen.

2 Alle Holzteile anmalen, die Innenlinien ergänzen und die restlichen Bohrungen ausführen.

3 Das Ohr und beide Arme aufkleben. Die Blüte auf den dicken, spiralförmig gebogenen Draht stecken, fixieren und das andere Drahtende in die entsprechende Bohrung der Hand stecken. Die Fühler der Käfer aus dünnem Bindedraht formen und fixieren. Dann das Schäfchen und beide Käfer auf der Bodenplatte fixieren. Das Schäfchen dabei ggf. wie auf Seite 4 beschrieben festschrauben.

4 Zum Schluss dem Schäfchen die Schleife um den Hals binden und die Dose in die dafür vorgesehene Aussparung stellen.

MOTIVHÖHE
ca. 32 cm

MATERIAL
- Sperrholzrest, 6 mm stark
- Sperrholz, 1 cm stark, 40 cm x 80 cm
- Acrylfarbe in Zinnoberrot, Elfenbein, Mittelgelb, Hausergrün, Englisch-Senf, Taubenblau, Zartrosa, Hautfarbe und Schwarz
- Dose, ø 10 cm, 5 cm hoch
- Stoffstreifen, 4 cm breit, 54 cm lang
- evtl. 2 Holzschrauben, Senkkopf, ø 3,5 mm, 3 cm lang (zum Festschrauben auf der Standfläche)
- Bindedraht, ø 0,65 mm und 1,4 mm
- Bohrer, ø 1,5 mm und 6 mm (evtl. 2 mm und 4 mm zum Vorbohren)

VORLAGENBOGEN 2B

Bitte nicht stören!

→ welch tolles Nest

MOTIVHÖHE
ca. 22 cm

MATERIAL
- Sperrholzrest, 6 mm stark
- Sperrholzrest, 8 mm stark
- Sperrholz, 1 cm stark, 70 cm x 30 cm
- Vierkantleiste, 1,2 cm x 1,2 cm, 4 x 11,5 cm lang
- Acrylfarbe in Antikgrün, Weiß, Zinnoberrot, Sand und Orange
- Deko-Gitter-Band, 10 cm breit, 1 m lang
- Heu
- 4 Holzschrauben, Senkkopf, ø 3,5 mm, 3 cm lang
- Bohrer, ø 2 mm und 4 mm

VORLAGENBOGEN 1B

1 Den Schnabel, den Hahnenkamm und die Kehlläppchen aus dem dünnen, die Krallen aus dem mittleren und die Bodenfläche, die Holzlatten und die Holzlatte samt Huhn aus dem dicken Sperrholz aussägen. Dabei sieben Latten mit einer Länge von 26 cm und acht mit einer Länge von 24 cm und einer Breite von jeweils 1,5 cm zusägen.

2 Alle Sperrholzteile und die Vierkantleisten anmalen, die Innenlinien ergänzen und die Bohrungen ausführen.

3 Dem Huhn den Hahnenkamm, den Schnabel und die Kehlläppchen aufkleben. Die Sperrholzlatten abwechselnd auf die Bodenfläche stapeln und fixieren. Dabei mit den längeren Latten beginnen und die Latten auf jeder Seite ca. 1 cm überstehen lassen. Oben die lange Latte mit Huhn platzieren.

4 Die beiden letzten kürzeren Latten erst aufleimen, wenn das Deko-Gitter in Form gebogen und in den Korb gestellt wurde. Diese jedoch flach auflegen. Zum Schluss die vier Pfosten festschrauben und die Krallen aufkleben. Die Pfosten halten das Deko-Gitter in Form.

Frohe Ostern

→ kann auch anders beschriftet werden

MOTIVHÖHE
ca. 57 cm

MATERIAL
- Sperrholz, 6 mm stark, 25 cm x 30 cm
- Sperrholz, 1 cm stark, 60 cm x 45 cm
- Leimholzplatte, 1,8 mm stark, 21 cm x 21 cm
- Acrylfarbe in Schwarz, Kürbis (Antik, Struktur), Zinnoberrot, Weiß, Taubenblau, Antikblau, Hausergrün, Orange und Schilf
- Tafelfarbe in Schwarz
- Rundholzstück, ø 4 mm, 7 cm lang
- Rohholzkugel, ø 1,5 cm, mit einer Bohrung mit ø 4 mm
- Zinkeimer, ø 5,5 cm, 5 cm hoch
- Stoffstreifen, 5 cm breit, 75 cm lang
- Schwammstück, 2 cm x 4 cm x 4 cm
- Kreide in Weiß
- Bindedraht, ø 0,65 mm
- evtl. 2 Holzschrauben, Senkkopf, ø 3,5 mm, 3,5 cm lang (zum Befestigen auf der Standfläche)
- Bohrer, ø 1,5 mm und 4 mm (evtl. 2 mm zum Vorbohren)

VORLAGENBOGEN 1A

1 Den Hasen, die Füße und den Vogel aus dem dicken, die Nase, das Pfoten-Schildteil und zusätzlich die Pfoten aus dem dünnen Sperrholz aussägen.

2 Die Sperrholzteile, die Leimholz-Bodenplatte und die Rohholzkugel anmalen. Dabei den Tafelbereich zweimal mit Tafelfarbe anmalen. Alle Innenlinien ergänzen und die Bohrungen für die Barthaare vornehmen.

3 Die Nase, das Pfoten-Schildteil, die Pfoten und die Füße auf den Hasen kleben. Dann das Loch für das Rundholzstück bohren, das Rundholzstück hineinstecken, fixieren und auf das andere Ende die Rohholzkugel kleben.

4 Für die Barthaare u-förmig gebogene Drahtstücke von hinten durch die Bohrlöcher stecken und vorne umbiegen. Das Schild beschriften und den Hasen und den Vogel auf der Bodenplatte fixieren.

5 Zum Schluss den Stoffstreifen um den Hals binden und den kleinen Eimer mit dem Schwamm und einem Stückchen Kreide füllen.

Frohe
Ostern

Kleine Libellchen

→ für den Frühlingstisch

MOTIVHÖHE
ca. 24 cm (große Libelle)

MATERIAL FÜR ALLE LIBELLEN

- Sperrholzrest, 6 mm stark
- Sperrholz, 1 cm stark, 20 cm x 20 cm
- Acrylfarbe in Elfenbein, Pfirsich, Hautfarbe, Zartrosa (Wangen), Weiß (Wangen), Lindgrün, Zartblau und Zarttürkis
- Plusterstift in Weiß
- Aluminiumblech, 0,15 mm stark, 22 cm x 20 cm
- Bindedraht, ø 0,65 mm und 1,4 mm
- Bohrer, ø 1,5 mm

VORLAGENBOGEN 3B

1 Die Blütenmitten aus dem dünnen, die Libellen und die Blüten aus dem dicken Sperrholz aussägen.

2 Mithilfe von Schablonen die Flügel aus dem Aluminiumblech zuschneiden. Alle Holzteile anmalen, die Innenlinien ergänzen und die Löcher in die Körper bohren. Die Körper mit Plusterstiftstreifen versehen und beidseitig die Flügelpaare aufkleben.

3 Die Fühler aus dünnem Draht einkleben. Die Blüten zusammensetzen und die Bohrungen in den Blüten ausführen.

4 Den dicken Bindedraht locken, in der Blütenmitte fixieren und auf das andere Ende die Libelle stecken.

DIESES BUCH ENTHÄLT 4 VORLAGENBOGEN

IMPRESSUM

FOTOS: frechverlag GmbH, 70499 Stuttgart; Fotostudio Ullrich & Co., Renningen
DRUCK: frechdruck GmbH, 70499 Stuttgart

Auflage: 5. 4. 3. 2. 1.
Jahr: 2009 2008 2007 2006 2005 [Letzte Zahlen maßgebend]

ISBN 3-7724-3444-4
Best.-Nr. 3444